DIESES BUCH GEHÖRT

MIX
Papier aus verantwortungsvollen Quellen
FSC® C020056
FSC
www.fsc.org

Mineralöl freie Druckfarbe

ISBN 978-3-649-64256-5

Hafenweg 30, 48155 Münster, Germany
Textsatz & grafische Gestaltung: Thomas Wolters, Internetlitho
Hintergründe: www.shutterstock.de
Redaktion: Kai König

www.coppenrath.de

Ina Winter

DER GRAF VON MONTE CHRISTMAS

Ein eiskalter Weihnachtskrimi in 24 Kapiteln

ADVENTSKALENDERBUCH
MIT AUSKLAPPSEITEN

Mit Illustrationen von Johanna Ries

COPPENRATH

DAS WEIHNACHTSFEST

Vom Himmel bis in die tiefsten Klüfte
ein milder Stern herniederlacht;
vom Tannenwalde steigen Düfte
und kerzenhelle wird die Nacht.

Mir ist das Herz so froh erschrocken,
das ist die liebe Weihnachtszeit!
Ich höre fernher Kirchenglocken,
in märchenstiller Herrlichkeit.

Ein frommer Zauber hält mich nieder,
anbetend, staunend muss ich stehn,
es sinkt auf meine Augenlider,
ich fühl's, ein Wunder ist geschehn.

Theodor Storm

EINLADUNG

Liebe Familie,

um mit den Worten von Theodor Storm zu sprechen: Weihnachten ist ein Fest der Liebe und Besinnung. Und nicht nur mit Liebe und Besinnung, sondern bereits seit vier Generationen feiert die Familie Graf dieses Fest in ihrem Stammsitz. Darum bin ich stolz und glücklich, Euch heute einzuladen, denn es ist meine heilige Verpflichtung, diese Familientradition auch in diesem Jahr fortzuführen.

Ein gelungenes Weihnachtsfest ist jedoch auch das Resultat akkurater Planung. Deshalb möchte ich darum bitten, dass Ihr Euch mit dem beiliegenden Ablaufplan vertraut macht.

Consul Carl-Constantin Graf
- *Familienoberhaupt* -

23.12.

Ab 15:00 Uhr

Anreise

16:00 Uhr

Persönliche Vorbereitungen

17:30 Uhr

Beisammensein im Salon

18:00 Uhr

Begrüßungsrede im Speisezimmer

18:30 Uhr

Abendessen

Vorspeise

MULLIGATAWNY SUPPE

Sherry – Palo Cortado

Hauptgang

ROASTBEEF AN YORKSHIRE PUDDING
MIT ERBSEN UND MÖHREN

Rioja Reserva

Dessert

CHARLOTTE RUSSE

Gereifter Sauternes

Ab 21:00 Uhr

Beisammensein im Salon

24.12.

16:00 Uhr

Beisammensein im Salon

17:00 Uhr

Entzünden der Lichter am Weihnachtsbaum

17:30 Uhr

Singen von Weihnachtsliedern

18:30 Uhr

Abendessen

Vorspeise

KREBSSUPPE

Hermitage Blanc

Hauptgang

RINDERROULADEN IN PORTWEINSAUCE
AN ROTKOHL UND KARTOFFELKLÖSSEN

Portwein

Dessert

GEFÜLLTER BRATAPFEL MIT CALVADOS-HONIG-SOSSE

Calvados

21:00 Uhr

Bescherung im Salon

Ab 22:00 Uhr

Beisammensein im Salon

1.

Draußen rüttelte der Wind an den Fensterläden, aber im Herrenzimmer war es warm und gemütlich. Das lag vor allem an dem flackernden Kamin, in dem gerade wieder ein Holzscheit knackend zerbarst. Carl-Constantin Graf saß, gehüllt in seinen Hausmantel, in seinem mächtigen Ohrensessel, nieste manchmal und wartete darauf, dass Franka ihm seinen Cognac servierte.
Wortlos stellte die Haushälterin das Tablett vor ihm auf dem Tisch ab.
Der Graf, wie Franka ihren Dienstherrn heimlich nannte, griff nach dem Cognacschwenker, steckte seine Nase hinein und schnupperte. „Ich rieche kaum etwas, Franka, das ist doch gemein“, bedauerte er und nahm den ersten Schluck.
„Sehr gemein ist das. Zum Wohle“, entgegnete Franka pflichtschuldig und wartete, denn sie sah ihm nach so vielen Dienstjahren an, wenn er noch etwas mit ihr besprechen wollte.
„Sind die Zimmer vorbereitet?“, fragte er.
Sie nickte. „Aber ich frage mich, ob es richtig war, Ihre Nichte wieder im gelben Zimmer unterzubringen.“
„Nathalie? Ach? Warum denn nicht?“
Darauf hätte Franka so manche Antwort gewusst, aber sie schwieg. Das gelbe Zimmer lag neben Christophs, das würde wieder eine Menge Ärger und Kinderei geben … Wenn man sie gefragt hätte, sie hätte Nathalie wie ihren Bruder im Ostflügel untergebracht.

Warum auch nicht? Schließlich verfügte die Kaufmannsvilla über mehr Zimmer als gebraucht wurden.
„Haben Sie Aprikosen für meine Schwägerin besorgt?“
„Eine Schale steht in ihrem Zimmer. Philipp habe ich übrigens im Ostflügel untergebracht. Da fällt es nicht auf, wenn er auf dem Zimmer raucht.“
„Unangenehmes Laster.“ Carl-Constantin Graf nieste. „Hoffen wir, dass dieses Jahr alles glattgeht.“
„Das hoffen wir“, stimmte Franka ihm zu, wobei sie ein Schmunzeln unterdrücken musste. Nun, sie hatte andere Pläne für dieses Fest!
Erneut nippte der Hausherr an seinem Cognac. „Denken Sie daran, den Sherry rechtzeitig zu entkorken. Ich erwarte dann alle zur Begrüßung um 17 Uhr im großen Salon, und der Sherry sollte ...“
„Atmen“, beendete Franka seinen Satz. „Wie immer, nicht wahr?“
„Sie sind eine Perle.“ Er lächelte und beugte sich vor, um ihre Hand zu tätscheln. „Aber diesmal wird es nicht ganz so wie immer. Diesmal habe ich eine Überraschung für die lieben Verwandten!“ Er nickte vor sich hin, dann nieste er abschließend und leerte den Schwenker in einem Zug.
Und Franka fragte sich, was zum Teufel er damit meinte.

1

2.

Der Küchenwecker schrillte. Franka ergriff zwei Topflappen und zog ein Blech duftender Pastetchen aus dem Ofen. Lachs und Spinat, das Rezept hatte sie vor vielen Jahren in einer Zeitschrift entdeckt. Seitdem gab es sie jedes Jahr. Sie würde sie zum Aperitif servieren. Es war immer besser, wenn die Gäste etwas im Magen hatten zu all dem Alkohol, der bis zum Abendessen fließen würde. Die Begrüßungsreden des Grafen waren berüchtigt – wegen ihrer Länge.

Die Familie ertrug sie, da war sich Franka sehr sicher, nur, weil sie alle von seinem beträchtlichen Vermögen profitierten und auf ihr Erbe spekulierten.

Auf dem riesigen Küchentisch stand die Springform, an deren Rand Franka Löffelbiskuits aufgereiht hatte. Zum Dessert würde es wie immer eine „Charlotte Russe" geben, das war ihre Spezialität. Vorsichtig füllte sie die Hälfte der vorbereiteten Creme in die Form, dann trat sie an den Küchenschrank und griff nach einer kleinen Tüte. Verstohlen blickte sie sich um. Niemand zu sehen! Schnell verteilte Franka den Inhalt der Tüte über der Creme, bevor sie den Rest in die Form füllte. Zufrieden betrachtete sie ihr Werk. Nichts war zu erkennen! Ja, das würde dieses Jahr eine ganz besondere Überraschung geben …

In diesem Augenblick schrillte das Haustelefon, und Franka zuckte wie ertappt zusammen. Sie griff nach dem Hörer.

„Ja, bitte?"

„Warum habe ich schon wieder das gelbe Zimmer bekommen? Immer bekomme ich das gelbe Zimmer!" Es war Nathalies Stimme, und sie klang empört. „Und warum heißt es eigentlich gelbes Zimmer? Es sollte eiterfarbenes oder beiges Zimmer heißen. Was ist

eigentlich schlimmer? Eiter oder beige? Kann nicht einer von den Männern dieses hässliche Zimmer bekommen?"
„Ich könnte dir ein Zimmer im Ostflügel herrichten."
Nathalie zögerte. „Ach. Nein. Dann bin ich so weit ab vom Schuss … Aber vielleicht kann man hier etwas machen, damit ich mich wohler fühle. Wenn du verstehst, was ich meine!" Sie seufzte theatralisch.
„Ich komme gleich, Nathalie, und dann sehen wir, was wir machen können!" Franka legte auf und unterdrückte ein Lächeln. Die Familie war da – der ganz normale Wahnsinn ging los! Was Nathalie wohl zufriedenstellen würde? Eine andere Tagesdecke? Duftkerzen? Oder brauchte sie bloß einen vorgezogenen Aperitif? Franka schmunzelte. Vermutlich würde gleich Christoph, der Schriftsteller-Neffe des Grafen, ebenfalls zum Haustelefon greifen und irgendwelche komplizierten künstlerischen Anforderungen stellen oder nach säurefreiem Papier schreien. Und Adele, die verwitwete Schwägerin, würde bemängeln, dass die Aprikosen nicht reif genug waren. Aprikosen! Im Dezember! Aber so sehr Franka den Kopf schütteln mochte: Sie liebte ihre Aufgaben, und sie liebte auch die Familie. Irgendwie. Schließlich waren ihre Grafen, wie sie die Sippe insgeheim nannte, alles an Familie, was sie hatte.
Franka warf noch einen letzten Blick auf die „Charlotte Russe". Eigentlich war es diesmal ja eher eine „Charlotte Surprise". Mit einer ganz besonderen Überraschung … Sie stellte die Form in den Kühlschrank und verließ die Küche, um sich wie jedes Jahr um all die kleinen und großen Befindlichkeiten zu kümmern.
Dass hinter der Tür in der Ecke eine Gestalt lauerte, die sie ganz genau beobachtet hatte, hatte sie in all dem Trubel nicht bemerkt …

2

3

Der fünfte Schlag der Kaminuhr verklang und Nathalie betrat den Raum. Die Nichte des Grafen liebte den großen Auftritt. In diesem Jahr trug sie ein hochgeschlossenes stahlblaues Kleid, in dem sich das Licht der Kristalllüster brach. Sie ignorierte ihren Bruder und gesellte sich zu Christoph.
Ein schönes Paar, dachte Franka, nahm das Tablett und bot den Gästen Champagner und Pasteten an.
Der Graf hob das Glas, um seine Gäste zu begrüßen, als Adele, die mit Phillip sprach, sich umwandte und dabei gegen den Arm des Grafen stieß. Sein Glas neigte sich und der Champagner sprudelte auf den Boden.
„Pass doch …“, stieß der Graf ärgerlich hervor und Adele quiekte erschrocken.
„Oh Gott“, stammelte sie. „Das tut mir so leid!“
„Kein Problem“, beschwichtigte Franka und wollte eben die Champagnerflasche holen, als Adele dem Grafen ihr Glas in die Hand drückte. „Nimm mein Glas, bitte, ich vertrage sowieso keinen Champagner. Der Magen. Kann ich ein Glas Gingerale haben?“
Unsicher, was sie tun sollte, blickte Franka zum Grafen. Die Stirn in ungeduldige Falten gelegt, nickte der ihr zu und sie eilte hinaus.
Als sie den Kühlschrank öffnete, sah sie es. Die Charlotte Russe, die dort abgedeckt stand und darauf wartete, zum Dessert serviert zu werden, war zerstört. Jemand hatte ein Stück herausgeschnitten. Und vermutlich auch verspeist, zumindest fehlte es.
„Das darf doch nicht …“, flüsterte Franka, als ein Ruf sie zusammenfahren ließ.

3.

Franka zupfte die weiße Servierschürze zurecht und ließ ihren Blick durch den Raum wandern, in dessen Erker der gewaltige Weihnachtsbaum stand. Er war ganz traditionell mit roten und goldenen Kugeln geschmückt, und wie jedes Jahr würden die Kerzen erst am Heiligabend entzündet. Und wie jedes Jahr würden sich die jungen Leute über diese Verschwendung beschweren: Der Baum ist da, wir sind da und am 26. reisen wir ab, würden sie klagen. Doch der Graf war in Sachen Traditionen unerbittlich.
Die Kaminuhr schlug den ersten Gong zur vollen Stunde, als der Graf den Raum betrat. Er trug Anzug, weißes Hemd und Fliege. Die Herren folgten ihm, auch sie in Anzügen, nur hatten sie auf Fliege oder Krawatte verzichtet. Das sei altmodisch, sagten sie. Die Manschettenknöpfe mit dem Familiensiegel, die beide zur Volljährigkeit erhalten hatten, trugen sie allerdings doch.
Als die Herren versammelt waren, betrat Adele den Salon. Wie immer blitzten reichlich Diamanten an Ohren, Hals und Händen. Sie hatte ein pinkes, tief ausgeschnittenes Kleid ausgewählt, das gut zu ihren dunklen Haaren und Augen passte. Doch passte es auch zu einer Witwe? Franka fand nein. Sie erinnerte sich gut daran, wie die hochgewachsene Adele ihr erstes Weihnachtsfest in diesem Haus verbracht hatte. Auch damals war sie verwitwet gewesen. Sie und ihr verstorbener Gatte hatten sich auf dem Friedhof kennengelernt. Zumindest war das die Geschichte, die sie erzählten. Passte ja auch: Witwer mit zwei Kindern heiratet Witwe mit einem Sohn. Carl-Philipp hatte Christoph, Adeles Sohn, dann adoptiert.

4

„Es ist“, fuhr dieser fort, „mir – wie in jedem Jahr – eine große Freude, euch alle hier ...“
Bla, bla, bla, dachte Franka und ließ den Blick wandern.
Philipp nippte an seinem Sherry und sah seinen Onkel träge an. Christoph hielt einen MontBlanc-Füller in der wie immer tintenfleckigen Hand und kritzelte etwas in das ledergebundene Notizbuch, das er ständig mit sich herumschleppte. Warum musste dieser Bengel eigentlich immer Tinte an den Fingern haben wie ein Grundschulkind? Vermutlich, um darauf aufmerksam zu machen, dass er tatsächlich von Zeit zu Zeit etwas zu Papier brachte. Adele saß neben ihrem Sohn und hatte den Kopf schräg gelegt wie ein Wellensittich, ein Lächeln umspielte ihre geschminkten Lippen. Nathalie, mager und hochmütig, hatte den Kopf zurückgeworfen und starrte den Grafen so herausfordernd an, als wollte sie sich mit ihm duellieren.
„... dass Wahrheit, wo immer Wahrheit zu finden ist, gesucht werden muss, um ...“, deklamierte der Hausherr weiter. Franka blinzelte. Huch! Dieser Teil war neu. War es möglich, dass Carl-Constantin von seinem jahrzehntealten Text abwich? Sie wünschte, sie hätte sich besser konzentriert! Hatte er ihr nicht selbst verraten, dass er eine Überraschung ankündigen würde?
„Getreu diesem Motto ...“ Der Graf räusperte sich wieder. Seine Hand, die das Glas hielt, zitterte. Sherry schwappte über den Rand. „Dieses Weihnachtsfest ...“ Seine Stimme zitterte jetzt ebenso wie seine Hand. Und dann ließ er das Glas einfach los und brach zusammen.

4.

„Franka, wo bleiben Sie?“, ertönte die Stimme des Grafen. Erschrocken griff diese nach dem Gingerale und eilte zurück in den großen Salon.
Pünktlich um 18 Uhr bat sie dann die Familie ins Speisezimmer. Stolz musterte sie ihr Werk. Auf dem Tisch glitzerte das Kristall und das auf Hochglanz polierte Silber blinkte mit Nathalies stahlblauem Fummel und den Diamanten der Witwe um die Wette.
Der Graf wirkte erhitzt und ein bisschen fahrig, als er sich von Franka den Stuhl zurechtrücken ließ. Offenbar machte seine Erkältung ihm zu schaffen. Als alle saßen, schenkte Franka den Sherry ein. Der Graf räusperte sich und erhob sich mit dem Glas in der Hand. Das Licht der Kronleuchter brach sich in dem roten Sherry, es sah aus, als ob er von innen leuchtete.
„Meine lieben, lieben Nichten und Neffen, liebe Adele“, begann der Graf. Seine Stimme klang schleppend, trotzdem wurde Franka das Gefühl nicht los, dass er den Namen seiner Schwägerin besonders betonte.
„Mein lieber Carl-Constantin?“, erwiderte Adele. Sie ließ es wie eine Frage klingen, und erneut bemerkte Franka, was für eine schöne Stimme sie hatte, tief und volltönend.
Ärgerlich hielt der Graf inne. Er mochte es gar nicht, wenn er unterbrochen wurde – seine alljährliche Rede war als Monolog gedacht. Das wusste Franka ebenso wie alle anderen Anwesenden. Wollte Adele ihren Schwager provozieren?

5

Philipp schüttelte den Kopf. „Niemand zieht sich um, bis die Polizei hier ankommt, ist das klar?“ Seine Stimme klang jetzt fest.

„Du hast hier gar nichts zu befehlen, junger Mann!“, brauste Adele auf. „Und überhaupt, wie kommst du nur auf diese absurde Idee? Meinst du etwa, deinem Onkel wäre es recht, wenn Polizei hier herumschnüffelt?“

„Sicher nicht!“, murmelte Nathalie nervös.

Philipp hob die Augenbrauen. „Spätestens der Notarzt wird die Polizei benachrichtigen. In einer derartigen Situation würde das jeder tun.“

„Was denn für eine Situation?“, fragte Adele und schüttelte ihr dunkles Haar.

Philipp räusperte sich und warf einen Blick zu Carl-Constantin, der auf dem Boden lag. „Denkt doch einmal nach: Die ganze Familie ist anwesend, und der Erbonkel bricht einfach so tot zusammen. Natürlich wirft das Fragen auf. Immerhin ist Onkel CC nicht nur sehr reich, sondern auch kerngesund gewesen.“

„Er war erkältet“, brachte Franka hervor. Alle Blicke flogen zu ihr, und sie zuckte zusammen.

„Was mischen Sie sich überhaupt ein?“, giftete Nathalie, doch Christoph rief: „Aber es ist doch gut, dass er erkältet war!“

„An einer Erkältung stirbt man nicht, Dummkopf!“, herrschte Adele ihn an.

„Nun“, sagte Philipp, „so oder so: Ich rufe jetzt die Polizei!“

5.

Franka wollte dem Grafen zu Hilfe eilen, doch Philipp war schneller. Er beugte sich vor, um seinem Onkel ins Gesicht zu sehen.

Sie griff nach Philipps Schulter. „Seine Allergie! Ich hole sein Antihistaminikum!“, rief sie voller Angst.

Philipps Hand wanderte zum Hals seines Onkels. Entsetzt wich er zurück. „Er ist tot.“ Seine Stimme klang heiser. Er räusperte sich mehrmals, bevor er weitersprechen konnte. „Es ist zu spät.“

Adele stieß einen spitzen Schrei des Entsetzens aus und ließ sich auf ihren Stuhl sinken. Nathalie wimmerte und barg ihr Gesicht in den Händen. Christoph stöhnte auf. Nur Franka brachte keinen Laut hervor. Ihr Herz hämmerte. Es konnte nicht sein! Sie hatte doch nur ganz wenig von dem Pulver genommen … Unmöglich, dass …

Philipp richtete sich auf und klopfte sein Jackett zurecht. Dann griff er nach seinem Handy und rief einen Krankenwagen. Mit ruhiger und bestimmter Stimme erklärte er, dass er selbst Arzt sei und es einen bedauerlichen Todesfall gegeben habe. Als er auflegte, seufzte er und sah die anderen der Reihe nach an. „Nun“, sagte er. „Wir müssen die Polizei rufen.“

„Polizei?“, hauchte Nathalie.

„Du meinst, es war Mord?“, stieß Christoph hervor.

„Das ist lächerlich“, fuhr Adele auf. Sie blickte von einem zum anderen. „Du solltest dich umziehen, Schätzchen“, sagte sie zu Nathalie, auf deren Kleid sich ein Sherryfleck ausbreitete.

POLIZEIABSPERRUNG

6.

Polizei und Krankenwagen erschienen beinahe gleichzeitig. Der Leichnam des Grafen wurde abtransportiert.

„Nun“, sagte Kommissar Krüger, der in Begleitung zweier Kollegen umgehend das Haus in Beschlag nahm. „Mein Beileid. Und“, bedächtig strich er sich über seinen prächtigen Schnauzbart, „frohe Weihnachten.“

„Weihnachten ist erst morgen“, widersprach Adele hochmütig und sank tiefer in ihren Sessel.

Nachdenklich sah der Kommissar sie an. „Und Sie sind? Das ist das Erste, was ich wissen möchte. Zweitens sagen Sie mir bitte ganz genau, was Sie seit Ihrem Eintreffen hier getan haben. Die anderen auch. Und drittens: Bis zu dieser Befragung möchte ich Sie alle hier nicht sehen. Los, gehen Sie in Ihre Zimmer!“

Erschrocken von der plötzlichen Autorität des Kommissars gehorchten alle. Franka huschte in die Küche, um aufzuräumen, doch der Kommissar folgte ihr. „Hier wird alles fotografiert und eingepackt!“, rief er barsch. „Sie selbst gehen ebenfalls auf Ihr Zimmer!“

Es dauerte Stunden, bis die Polizisten fertig waren. Erst gegen Mitternacht rückten sie wieder ab, und kaum dass Franka die Küche betreten hatte, schrillte das Haustelefon.

Adele bat um eine warme Milch und etwas zum Einschlafen, Philipp um zwei Spiegeleier und Nathalie um einen Ingwertee. Es fiel Franka nicht leicht, all diese Wünsche zu berücksichtigen. *Was ist mit mir?*, hätte sie am liebsten gebrüllt. *Mir hat der Graf mehr bedeutet als jedem Einzelnen von euch, und überdies bin ich schuld an seinem Tod …* Sie packte die Reste des mit so viel Liebe gekochten Hauptgerichts ein.

Franka drückte die letzte Tupperdose zu. Sie hatte zwar keine Ahnung, wer den Braten noch essen sollte, aber man konnte das gute Essen ja nicht verkommen lassen.
Das Essen verstaute sie im Kühlschrank. Dort stand immer noch die Charlotte. Von ihr hatten die Polizisten keine Probe genommen. Wozu auch, da der Hausherr ja noch vor der Suppe gestorben war.
Aber vermutlich hatte er heimlich vom Nachtisch genascht. Doch wie sollte sie das überprüfen, ohne sich zu verraten? Und wem nutzte es jetzt noch?
Unwillkürlich füllten sich Frankas Augen mit Tränen. Sie hatte das nicht gewollt! Schlecht sollte es ihm gehen, ja. Aber doch nicht so. Er sollte nur mal merken, was er an ihr hatte. Sie hatte doch nicht ahnen können … Der Gedanke war so ungeheuerlich, dass er einfach nicht in ihren Kopf passte. Sie war keine Mörderin. Es war ein Unfall gewesen, ganz sicher! Sie riss die Charlotte aus dem Kühlschrank und warf sie mitsamt der Form in den Müll. Dann schleppte sie sich die Treppen hoch in ihr geräumiges Zimmer unter dem Dach. Noch bevor sie das Licht einschaltete, sah Franka den weißen Umschlag auf dem Fußboden. Mit zitternden Fingern griff sie danach und öffnete ihn.
ICH WEISS, WAS DU GETAN HAST.
ICH ERWARTE DICH IM HERRENZIMMER.
Hastig zerknüllte Franka den Zettel, ganz so, als würde das irgendetwas ändern an dem, was er bewies: dass es einen Mitwisser gab. Jemand wusste, was sie getan hatte.
Die Frage war nur: Was wollte dieser Jemand von ihr?
Franka atmete tief durch. Sie würde es herausfinden.

6

1
2

7.

Die Kaufmannsvilla war noch zu Zeiten erbaut worden, in denen Hausmädchen unsichtbar zu sein hatten. Also waren alle wichtigen Räume mit einem zweiten Treppenhaus verbunden, das vom Dach bis in den Keller reichte und ausschließlich von Dienstboten benutzt wurde. Manchmal war das ein Glück – wie jetzt. Im geheimen Treppenhaus war es eng und dunkel, und Frankas Herz schlug ihr bis zum Hals, als sie vor der Tür zum Herrenzimmer verharrte und lauschte. Aus dem Zimmer war nichts zu hören.
Leise öffnete sie die Dienstbotentür, die wie in allen Räumen durch ein lebensgroßes Porträt verdeckt wurde. Die Vorhänge waren zugezogen, das Zimmer lag in völliger Dunkelheit. Nur im Kamin glomm noch rötliche Glut. Und trotzdem hatte Franka das sichere Gefühl, nicht allein zu sein … Vorsichtig schloss sie die Tür hinter sich. Ihre Finger tasteten nach dem Lichtschalter.
„Nicht“, befahl eine Stimme. Der bodenlange Brokatvorhang am Fenster bewegte sich. Christoph tauchte aus seinen Falten auf.
„Du? Du hast mich hierher bestellt?“ Franka musterte den schmächtigen jungen Mann ungläubig, und sofort löste sich ihre Angst in nichts auf.
„Wundert dich das?“
Ja, dachte Franka. Sie kannte Christoph nur als versponnenen Jungen, der im Schatten seiner Mutter Gedichte reimte und wie eine Klette an seiner Stiefschwester hing. „Was hast du mit diesem Brief gemeint? Hat deine Mutter gesagt, du sollst ihn schreiben?“
„Du denkst also auch, dass ich ohne Mutter nichts bin?“
„Nun ja.“ Franka hatte das Gefühl, auf sehr dünnem Eis zu gehen. „Du hängst sehr an ihr, das ist doch normal für einen jungen Mann in deiner …“

„Situation?" Christoph trat an den Kamin. „Ohne eigenes Einkommen, mit Flausen im Kopf?"

„Das habe ich jetzt nicht so gemeint." Franka wollte den Jungen nicht unnötig reizen. Er hatte einen schlechten Charakter, das wusste sie. Schon als Kind hatte er seine Nase in alles gesteckt, was ihn nichts anging, hatte Gerüchte gestreut und sogar lange Finger gemacht.

„Du hast die Charlotte vergiftet!" Auf einmal hielt Christoph etwas in der Hand.

Franka kniff die Augen zu, um es besser zu sehen: Es war die Tüte, die sie fortgeworfen hatte. „Woher hast du die?" Sie griff danach, doch Christoph war schneller.

Die Tüte schnellte in die Höhe, schwang über seinem Kopf. „Wusstest du, dass Erdnüsse überhaupt keine Nüsse sind?" Er lächelte, als habe er einen Scherz gemacht.

Christoph wedelte ihr erneut mit der Tüte vor den Augen herum. Schnell griff Franka zu, riss sie ihm aus der Hand und warf sie ins Feuer. Das Zellophan landete auf dem Kaminrost, wo es mit einem Funkenstieben verglomm.

„Es sind Bohnen", fuhr Christoph unbeeindruckt fort, nahm den Schürhaken und stocherte in der Glut, bis wieder kleine Flammen zu züngeln begannen. „Die Tüte ist verbrannt – na und? Falls es dich interessiert: Einen kleinen Rest deiner vergifteten Charlotte habe ich an sicherer Stelle versteckt. Und wenn du nicht tust, was ich dir sage, ist es morgen bei der Polizei. Das sieht nicht gut für dich aus."

„Ich wollte wirklich nichts Böses!", stieß Franka hervor. Ängstlich starrte sie auf den Schürhaken in Christophs Hand.

7

8

„Ich konnte nicht umhin", begann Christoph, „Zeuge eines schrecklichen Streits zu werden."
Nicht umhin, schnaubte Franka in Gedanken. Der Junge hatte schon immer seine Augen und Ohren überall gehabt. Aber sie schwieg.
„Und zwar zwischen Philipp und dem Grafen. Leider konnte ich nur wenig verstehen, aber Philipp war außer sich, er sagte immer, dass der Alte das nicht machen könne und dass er es bereuen werde …"
„Philipp?" Unwillkürlich schüttelte Franka den Kopf. „Aber …"
„Oh ja." Mit einer ungeduldigen Handbewegung schnitt Christoph ihr das Wort ab. „Ich weiß: Onkels Liebling. Der Einzige, der auf eigenen Beinen steht. Der heilige und unantastbare Philipp. Wer, wenn nicht er, der Arzt, könnte seinen Onkel ermorden und dann die Polizei rufen, sodass niemand ihn verdächtigt?", fuhr er fort.
„Und du wirst der Polizei von dem Streit berichten."
„Ich? Aber warum ich? Auf keinen Fall!" Christoph grinste. „Ich werde nicht als Schnüffler dastehen und für den Rest meines Lebens die Familie gegen mich haben. Nein, das machst du. Oder willst du, dass die Polizei von deiner vergifteten Charlotte erfährt?"
Franka erhob sich aus dem Sessel. „Du bist ein Feigling, ein Schnüffler und Erpresser, Christoph, und ich bereue, dass ich dich nicht schon an deinen Onkel verraten habe, als du noch ein kleiner Junge warst."
„Es ist mir egal, was du von mir denkst. Machst du es?"
Mit so viel Würde, wie sie aufbringen konnte, verließ Franka das Herrenzimmer. Schweigend.

8.

„Eine Chance bleibt dir“, flüsterte Christoph und starrte ins Feuer. „Wenn du hilfst, Carl-Constantins Mörder zu entlarven.“
„Wie bitte?“ Fassungslos starrte Franka den jungen Mann an. War er verrückt geworden?
„Hör mir zu“, fuhr Christoph fort. „Ich weiß nicht, warum du ihn vergiften wolltest, und es interessiert mich auch nicht.“
Das, dachte Franka verbittert, war ganz genau der Kern allen Übels. Vierzig Jahre arbeitete sie für die Familie, und niemand interessierte sich für sie. Niemand! Vierzig Jahre hatte sie sich abgerackert und alle kleinen und großen Marotten des Grafen ertragen, und wofür? Zum Dank hatte er sie durch eine Jüngere ersetzen wollen, und, was der Gipfel war: Sie hatte ihm helfen müssen, die Annonce zu formulieren! Und da war ihr die Idee gekommen, ihm mithilfe seiner Erdnussallergie in Erinnerung zu rufen, was er an ihr hatte. Sie war sicher, dass niemand aus der Familie wusste, wie in einem solchen Moment zu reagieren war, während sie selbst seit Jahrzehnten die Spritzen für diesen Fall hütete …
„Hörst du mir überhaupt zu?“, herrschte Christoph sie an. Franka schüttelte den Kopf.
„Los, wir haben etwas zu besprechen! Dann wirst du gleich verstehen, worum es geht und warum ich deine Hilfe brauche.“ Er setzte sich in den mächtigen Ohrensessel seines Onkels und lud sie mit einer Handbewegung ein, sich in den anderen zu setzen.
Franka zögerte. Seit sie in diesem Haus diente, hatte sie noch nie in einem dieser Sessel gesessen. Sie hatte sie abgestaubt, die Polster ausgeklopft, auch unter ihnen gewischt, doch noch nie hatte sie in einem der Sessel gesessen. Und jetzt kam es ihr falsch vor. Unbehaglich setzte sie sich auf die äußerste Kante.

9

Franka erinnerte sich, dass er schon am Vortag zu Aufzählungen geneigt hatte. Sie führte ihn in die Küche, wo die Kaffeekanne stand. Der Kommissar trat wie selbstverständlich an den Küchenschrank, nahm einen Becher und füllte ihn mit dampfendem Kaffee. „Ich hab auch nur ein paar kurze Fragen." Er wanderte mit dem Kaffee in der Hand durch die Küche, öffnete den Kühlschrank.

Franka holte tief Luft. Jetzt oder nie! „Nun, ich ..." Sie berichtete dem Kommissar von den Plänen des Konsuls, sie in Rente zu schicken, und von ihrem Plan mit dem Erdnussmehl. „Ich wollte nie, dass er stirbt. Ich wollte ihn retten. Er sollte mir sein Leben verdanken." Sie streckte die Arme aus, damit er ihr Handschellen anlegen konnte.

Doch der Kommissar schloss einfach nur die Kühlschranktür und setzte sich an den riesigen Küchentisch. „So, wie es aussieht, ist Ihr Hausherr an einer Vergiftung gestorben."

„Einer Vergiftung?" Ungläubig starrte Franka den Kommissar an. „Sind Sie sicher?"

Der Kommissar nickte. „Es sieht ganz danach aus."

Erleichterung durchflutete Franka. „Es muss der Sherry gewesen sein. Er hat davon getrunken und ist umgefallen. Einfach so." Bei dem Gedanken, dass sie die Gläser gefüllt hatte, versagten ihr die Beine den Dienst und sie sank auf einen Küchenstuhl. „Es muss ihm jemand etwas ins Glas getan haben. Es hätte mir auffallen müssen."

„So schnell wirken Gifte nur im Krimi", beruhigte sie der Kommissar. „Wir vermuten, dass es der Champagner war."

„Der Champagner?", wiederholte Franka und runzelte die Stirn. „Aber – das war doch Adeles Glas!"

9.

Franka hatte eine schlaflose Nacht. So viel ging ihr im Kopf herum, dass sie kaum wusste, was davon für ihre Schlaflosigkeit verantwortlich war: Ihr Dienstherr war tot – Vielleicht sogar ermordet – Vielleicht war sie schuld – Nein, doch nicht – Sie wurde erpresst – Hatte Philipp, der perfekte Lieblingsneffe, seinen Onkel auf dem Gewissen? Und wie sollte sie weiterleben, ohne den Grafen, ohne dieses Haus und ohne Arbeit?
Als um sechs der Wecker schrillte, hatte Franka noch kein Auge zugetan. Sie stand auf und sah aus dem Fenster. Über Nacht war Schnee gefallen und hüllte die Landschaft in ein weißes Tuch. Leichentuch, dachte sie und erschrak.
Bald darauf stand sie in der Küche und versuchte, sich mit den gewohnten Vorbereitungen für das Frühstück zu beruhigen, als die Türglocke bimmelte.
Franka eilte zur Tür und riss sie auf, ehe ein erneutes Klingeln die Familie wecken konnte. Vor der Tür stand Kommissar Krüger und lüpfte den Hut, neben ihm zwei verfroren aussehende Polizisten in Uniform.
„Guten Morgen, wir haben ja weiße Weihnacht“, rief Krüger gut gelaunt, während er sich den Schnee von den Schultern klopfte. „Ist die Familie schon auf?“
„Das würde mich wundern“, antwortete Franka mit unbewegter Miene und nahm ihm den Mantel ab. Die Faulpelze erschienen immer erst, wenn sie wussten, dass Tee und Kaffee auf den Stövchen dampften, es nach gebratenem Schinken duftete und alles gedeckt und bereit war. „Da müssen Sie bis zum Frühstück warten.“
„Trifft sich gut“, erwiderte der Kommissar. „Erstens: Ich wollte sowieso mit Ihnen sprechen. Zweitens: Frühstück klingt großartig.“

10.

Der Kommissar runzelte die Stirn. „Was sagen Sie da?"
„Es war gar nicht sein Champagner", stammelte Franka. „Konsul Graf ist mit seiner Schwägerin zusammengestoßen und hat seinen Champagner verschüttet, deswegen hat sie ihm ihr Glas gegeben. Sie wollte ohnehin keinen, weil sie keinen Alkohol trinkt. Aber Herr Graf nötigt sie immer." Dann stutzte Franka und verbesserte sich: „Er hat sie immer genötigt."
Der Kommissar hörte aufmerksam zu. Und dann musste sie ihm die Geschichte noch einmal erzählen und schließlich ein drittes Mal. Er hatte so viele Fragen: Wer hat den Champagner eingeschenkt? Wer stand wo?
„Anschließend sind Sie mit dem Tablett herumgegangen, Frau …" Der Kommissar blätterte in seinem Notizbuch.
„Franka, einfach Franka", sagte sie. Hastig fügte sie hinzu. „Aber ich habe nichts ins Glas der gnädigen Frau geschüttet. Wirklich nicht. Warum sollte ich ihr etwas tun? Sie ist zwar arrogant, aber sie war immer gut zu mir. Und sie hat es ja auch nicht leicht. Zwei Männer hat sie schon beerdigt. Und dann ihr verwöhnter Sohn …"
Franka schlug sich mit der Hand vor den Mund. Am liebsten wäre sie damit herausgeplatzt, was sie von diesem dichtenden Schnüffler

11

„Wie bitte?" Schreckensbleich erschien Christoph erneut in der Tür. Gottlob war er wenigstens in eine Unterhose geschlüpft. Ohne Franka eines Blickes zur würdigen, stürzte er an ihr vorbei zu seinem Zimmer. Dann hörte man, wie die Zwischentür von seinem zum Zimmer seiner Mutter entriegelt wurde, gefolgt von Schritten. „Mutter?" Erst leise, dann immer lauter. „Mutter!" Es folgte ein Schrei.

Franka und Nathalie starrten sich an. Die Tür wurde so heftig aufgerissen, dass die Frauen zurückwichen.

„Sie wird nicht wach!" Schwankend stand Christoph in der Tür.

Der Kommissar drängte an ihm vorbei ins Zimmer, dicht gefolgt von Franka. Ihr erster Blick galt dem Bett. Darauf lag Adele – regungslos.

„Wir müssen …" Franka wollte sich am Kommissar vorbeidrängen, doch seine Hand legte sich auf ihre Schulter.

„Keiner berührt diese Frau." Die Stimme des Mannes klang bestimmt. „Rufen Sie den Notarzt", befahl er Franka.

„Aber Philipp ist doch …"

„Tun Sie, was ich Ihnen sage!", schnauzte der Kommissar sie an. „Und Sie …", wandte er sich an Nathalie und Christoph, die sich aneinanderklammerten. „Sie ziehen sich etwas über und bleiben in Ihren Zimmern. Jeder in seinem, wenn ich bitten darf!"

11.

Wenn das stimmte – dann schwebte Adele Graf in Lebensgefahr! Franka ließ alles stehen und liegen und eilte die Treppen hinauf. Mit rotem Kopf lief der Kommissar zwischen den Zimmertüren hin und her. Franka trat zielstrebig zum Zimmer von Adele und klopfte. „Gnädige Frau?“ Keine Antwort.
Franka drückte die Klinke herunter, doch die Tür war verschlossen. „Ich bin's!“, rief sie. „Bitte, gnädige Frau, öffnen Sie!“
Der Kommissar donnerte mit der Faust gegen das Holz. In diesem Augenblick wurde die Tür zum gelben Zimmer geöffnet. Verschlafen blinzelnd steckte Nathalie den Kopf heraus. „Was ist denn das für ein Lärm?“
„Der Kommissar möchte die gnädige Frau sprechen.“ Franka rang die Hände. „Aber sie öffnet nicht.“
Nathalie gähnte ausgiebig und reckte sich in ihrem seidenen Nachthemd. „Na und? Deswegen macht er so einen Krach? Muss das sein?“ Hinter ihr erschien eine Gestalt. Christoph. Und er war eindeutig nicht bekleidet.
„Was ist denn hier los?“, gähnte er. Es war ihm sichtlich peinlich, dass Franka ihn so sah, denn er verschwand umgehend wieder aus dem Blickfeld.
„Ihre Mutter!“, rief Franka hinter ihm her. „Sie öffnet nicht, und wir befürchten, dass sie es war, die vergiftet werden sollte!“

12

„Nein", sagte Franka. „Diese Hörnchen gibt es jedes Jahr, das sagte ich doch gerade schon."

„Ich rede nicht von den Hörnchen." Der Kommissar wischte sich einen Krümel aus dem Mundwinkel. „Sondern davon, Sie in Rente zu schicken."

„Ich weiß nicht", stammelte Franka. „Wieso?"

„Vielleicht hat er sich ja mit seiner Schwägerin beraten. Carl-Constantin Graf schien mir nicht der Mann zu sein, der sich mit Haushaltsangelegenheiten beschäftigt." Der Kommissar nahm sich ein zweites Hörnchen. „Wäre es da nicht naheliegend, wenn er sich mit einem weiblichen Familienmitglied berät?"

„Aber doch nicht mit seiner Schwägerin!" Ungläubig schüttelte Franka den Kopf. „Wie kommen Sie denn darauf?"

„Frau Grafs Zustand ist auf eine Überdosis Schlafmittel zurückzuführen." Der Kommissar legte das Hörnchen zurück aufs Blech.

„Sie meinen, die Gnädige hat versucht, sich …?" Fassungslos schüttelte Franka den Kopf. „Aber das würde sie nie …"

„Hat sie auch nicht", bestätigte der Kommissar. „Es war ein Mordversuch."

„Wie …"

Der Kommissar nickte. „Das ist die Frage, nicht wahr? Nun, die Überdosis war in der Milch."

„Aber ich hatte …" Franka starrte ihn an.

„Ganz genau", sagte der Kommissar und hob die Augenbrauen. „Die haben Sie ihr gebracht, stimmt's?"

12.

Franka zog das Blech mit den Weihnachtshörnchen aus dem Backofen und stellte es zum Abkühlen auf die Arbeitsplatte. Es war absurd, jetzt an Essen zu denken, aber sie buk jedes Jahr diese Hörnchen, und die vertrauten Bewegungen beruhigten sie. Außerdem musste die Familie schließlich etwas essen, auch wenn niemand Appetit haben würde. Das hatte auch der Kommissar eingesehen und deshalb die Küche zu Frankas Zimmer erklärt.
Gerade war der Krankenwagen mit der leblosen Adele abgefahren. Franka hatte gesehen, wie die Rettungssanitäter sie durch die Halle rollten. Ihr Gesicht war nicht bedeckt gewesen, also lebte sie wohl noch.
Die Küchentür wurde aufgestoßen. Es war der Kommissar. Er setzte sich an den Tisch und nahm ein glänzendes Hörnchen vom Backblech.
„Was ist das?“, fragte er und betrachtete das goldbraune Gebäckstück stirnrunzelnd.
„Weihnachtshörnchen“, antwortete Franka. „Ein altes Familienrezept. Schon die verstorbene Mutter des Grafen hat sie am Heiligabend zubereitet.“
„Sie mögen die Familie?“
Mögen? War das das richtige Wort? Sie räusperte sich. „Ich hatte nie eine andere.“
„Und trotzdem wollten Sie Ihrem Arbeitgeber diesen üblen Streich spielen.“ Nachdenklich biss der Kommissar ins Hörnchen. „Köstlich“, murmelte er. „Sehr buttrig. War es seine Idee gewesen?“

13

gewesen sein. So schmerzhaft, dass Sie deswegen jemanden ermorden?“

„Nein ...“ Erneut sank Franka auf den Stuhl, die Dose mit den Hörnchen fest umklammert. „Und ich wollte auch den Konsul nicht ermorden. Ich wollte ihn retten, damit die Familie weiß, was sie an mir hat. Damit der Konsul weiß, was er an mir hat. Während die Familie aufgeregt um ihn herumscharwenzelt, hätte ich ihn gerettet. Ruhig und besonnen hätte ich das Antihistaminikum aus dem Medizinschrank geholt und ihm mit einer Spritze das Leben gerettet.“ Franka schob das Kinn vor. „Der Graf wäre mir ewig dankbar gewesen, er hätte mir ...“

„Frau Franka?“, unterbrach sie die Stimme des Kommissars.

„Ja?“

„Merken Sie, dass Sie die Einzige sind, die einen Grund hatte, ihm Böses zu wollen?“

Franka schluckte. „Das ist nicht wahr“, brachte sie hervor.

„Wer denn dann?“

„Philipp! Philipp hatte Streit mit ihm, gestern noch!“

„Na so was!“ Es war offensichtlich, dass er ihr nicht glaubte.

„Also gut“, sagte Franka. „Es gibt noch etwas, was ich Ihnen erzählen muss.“ Und dann berichtete sie, was Christoph von ihr verlangt hatte und warum.

„Soso“, sagte Krüger nachdenklich. „Sie wurden also erpresst. Haben Sie diesen Brief zufällig noch?“

Franka brach der Schweiß aus.

Sie hatte das einzige Beweisstück, was sie hätte entlasten können, weggeworfen. Wer würde ihr so glauben?

13.

Natürlich musste der Kommissar sie verdächtigen! Franka schluckte. „Sie … sie hat mich um warme Milch gebeten“, brachte sie schließlich hervor und sank schwer auf den Küchenstuhl. „Und um die Schlaftabletten auch.“ Der Blick des Kommissars durchbohrte sie förmlich, dann nahm er sich ungeniert noch ein Weihnachtshörnchen.

„Woher wissen Sie das?“, flüsterte Franka.

„Das hat mir ihr Sohn erzählt, Christoph.“ Die Krümel flogen durch die Luft, als er ins Hörnchen biss.

Franka erhob sich und suchte eine Dose, um die Hörnchen vor dem Appetit des Kommissars in Sicherheit zu bringen. Erst als ihr das gelungen war, antwortete sie. „Sie hat geklagt, dass sie nicht schlafen kann. Das ging uns doch allen so, nach all der Aufregung um den Tod des Grafen und die Polizei und all das … Und ich wusste, dass der Graf, ich meine, dass Konsul Graf immer Tabletten im Haus hatte, also habe ich sie der Gnädigen gebracht. Ich meine …“ Franka spürte, wie ihr die Tränen in die Augen stiegen. „Der Konsul braucht sie ja nicht mehr. Ich habe die Gräfin nicht vergiftet. Entschuldigung, ich meine natürlich Frau Graf … Warum sollte ich das tun? Selbst wenn der Konsul mit ihr über mich gesprochen hat. Was ich nicht glaube.“ Franka reckte das Kinn vor. „Er hat sie gehasst!“

Der Kommissar lächelte. „Ach ja? Und warum hat er sie dann jedes Jahr eingeladen?“

„Weil sie seine Schwägerin war. Weil sie zur Familie gehört. Weil sich zu Weihnachten hier immer alle versammeln.“

Der Kommissar schnaubte heftig. „Nur Sie selbst werden in Zukunft nicht mehr dabei sein. Das muss sehr schmerzhaft für Sie

14

wachte. Rasch waren die Tabletts fertig. Für Philipp hatte sie Kaffee vorbereitet, Christoph trank heiße Schokolade und Nathalie Tee, dazu gab es die Weihnachtshörnchen.
Begleitet von dem Polizisten brachte Franka die Tabletts hoch. Zunächst klopfte sie an die Tür des gelben Zimmers. Als Nathalie nicht antwortete, öffnete der Polizist die Tür. Das Bettzeug lag in einem unordentlichen Haufen auf dem Parkett. Die Tür zum Bad stand offen und Franka hörte das Rauschen von Wasser. Noch ehe sie das Tablett abstellen konnte, schoss Christoph auf sie zu. „Mörderin!", brüllte er.
„Beruhigen Sie sich", sagte der Polizist, streckte den Arm wie zum Schutz nach Franka aus und zog sie hinaus. Trotz der geschlossenen Tür hörte sie Christoph brüllen. Nun, ihm brauchte sie nichts zu bringen.
„Er liebt seine Mutter sehr", sagte sie, um die schreckliche Szene zu überspielen. Der Polizist zuckte nur die Achseln und wartete, bis sie mit dem nächsten Tablett zu Philipps Zimmer ging.
Philipp war bereits angezogen und frisch rasiert. Er saß im Sessel am Fenster und las in einem Buch. Auf dem Beistelltisch glomm eine Zigarette im Aschenbecher.
„Franka. Danke!" Philipp nahm ihr das Tablett ab. Dann bemerkte er den Polizisten. Stirnrunzelnd blickte er zu Franka. „Alles klar bei dir?" Er sah sie an, als wollte er etwas sagen. Aber was? Die Anwesenheit ihres Bewachers machte jedes Gespräch unmöglich.
„Ja, aber …" Franka konnte nicht verhindern, dass sich ihre Augen mit Tränen füllten. Philipp war ihr immer der liebste gewesen und jetzt hatte sie ihn verraten. Sie musste ihn einfach warnen. Als sie sich vorbeugte, um ihm Kaffee einzuschenken, flüsterte sie: „Die Polizei weiß von deinem Streit mit dem Konsul. Christoph hat euch belauscht."
„Sind wir fertig hier?", dröhnte die Stimme des Polizisten barsch hinter ihr, und Franka fuhr zusammen.

14.

Der Kommissar begleitete Franka in ihr Zimmer, während ihr Herz hämmerte. Und das Wunder geschah – der Brief lag noch in ihrem Papierkorb! „Da ist er!", sagte sie ruhiger, als ihr zumute war, und reichte ihm das zerknüllte Blatt.
Der Kommissar strich es glatt und verstaute es sorgfältig in einem Beweismittelbeutel. „Wir werden das prüfen."
„Und was geschieht jetzt? Ich meine – mit mir? Und den anderen?" Was Franka eigentlich sagen wollte, war: Verhaften Sie mich oder verschwinden Sie und lassen Sie uns in Ruhe Weihnachten feiern und trauern?
Doch der Kommissar sah sie nur nachdenklich an und sagte: „Sie alle sollten sich vorerst zu unserer Verfügung halten. Am besten, Sie bleiben in der Küche."
„Sie meinen, ich bin gefangen?"
„Nein. Aber das Letzte, was wir aktuell gebrauchen können, ist, dass Sie sich untereinander austauschen."
Franka dachte an die frisch gebackenen Weihnachtshörnchen und an die Gäste des Grafen, die jetzt vermutlich hungrig erwachten. Ein dringendes Bedürfnis, ihren Pflichten nachzukommen, erwachte.
Der Kommissar musterte sie durchdringend. „Haben Sie mich verstanden, Frau Franka?" Es klingelte in seiner Jackentasche. „Da muss ich rangehen – Ja?" Er wartete angespannt. „Sie ist erwacht? Sehr gut. Warten Sie, ich komme umgehend vorbei!"
Frankas Puls schnellte hoch. „Adele ist erwacht?"
Düster sah der Kommissar sie an. „Ich werde Ihnen keine Auskunft geben, solange ich nicht mit ihr gesprochen habe."
Franka wartete ab, bis der Kommissar sich verabschiedet hatte, und ging dann in die Küche, um Frühstückstabletts vorzubereiten. Auf dem Weg begegneten ihr in der Halle die beiden Polizisten. Einer blieb vor der Küchentür, während der andere jeden ihrer Handgriffe über-

15

„Aber …“ Verzweiflung breitete sich in Franka aus. Sie begriff. „Glauben Sie mir, ich habe sie nicht vergiftet!“
„Wissen Sie …“ Der Kommissar legte den Kopf schief und musterte sie. „Ich glaube Ihnen sogar und frage mich, wer ein Interesse daran haben könnte, Sie verdächtig zu machen. Dieser Doktor vielleicht?“
„Nie im Leben.“ Heftig schüttelte Franka den Kopf. „Dann schon eher Christoph. Er ist falsch wie eine Natter und er ist in Nathalie verliebt.“
„Seine Stiefschwester?“
„Ja“, bestätigte Franka. „Die beiden mochten sich schon immer, aber das war natürlich sowohl für den Herrn Graf als auch für seine Mutter undenkbar.“
„Ach ja?“, fragte der Kommissar.
Franka seufzte. Sie verstand seine Irritation. „Schließlich hat der verstorbene Bruder des Konsuls den Jungen adoptiert.“
„Und haben die beiden sich gefügt?“
„Nun … Christoph kam heute Morgen aus Nathalies Zimmer.“
„Ich erinnere mich.“ Der Kommissar strich sich über den Schnauzbart. Er wollte noch etwas hinzufügen, als der Polizist zurückkehrte. Gemeinsam verließen die beiden Männer die Küche, um Philipp zu befragen.
Franka schlug das Herz bis zum Hals. Sie wusste, was sie jetzt zu tun hatte.
Aber sollte sie es wagen? Würde sie das nicht noch viel verdächtiger machen?

15.

Als Franka in die Küche zurückkehrte, lag draußen bereits eine dichte Schneedecke. Sie hatte jetzt nichts mehr zu tun und wartete bei einer Tasse Kaffee, bis der Gong der Türglocke anschlug. Als es so weit war, sprang Franka auf, um in Begleitung des Polizisten zur Eingangstür zu eilen. Es war der Kommissar, natürlich – wer sonst?
„Wie geht es ihr?“, rief Franka. „Was sagt sie?“
Der Kommissar warf ihr einen kühlen Blick zu. „Herr Dr. Graf bitte in die Bibliothek. In fünf Minuten“, wies er seinen uniformierten Kollegen an.
Herr Dr. Graf?, dachte Franka für einen Moment. Dann begriff sie, dass der Kommissar von Philipp sprach. Er drängte sich an Franka vorbei in die Küche. Sie platzte fast vor Ungeduld.
„So sagen Sie doch etwas!“, rief sie mit zunehmender Verzweiflung. „Sie haben gesagt, wenn Sie Näheres wissen …“
Ohne von ihr Notiz zu nehmen, setzte sich der Kommissar an den Küchentisch und schälte sich aus dem Mantel.
„Nun“, sagte er gedehnt. „Mich wundert nicht, dass Sie so gespannt auf Frau Grafs Aussage gewartet haben.“
„Was … Was meinen Sie?“, fragte Franka bang.
„Erstens …“ Der Kommissar schien jetzt erst zu bemerken, dass der Hut noch auf seinem Kopf saß. Er nahm ihn ab und legte ihn mitten auf den Küchentisch. Dass das ausgesprochen unangemessen war, schien ihn nicht zu stören. „Frau Graf erinnert sich daran, eine Schlaftablette genommen zu haben. Zweitens: Sie erinnert sich ebenfalls daran, dass die Milch etwas bitter geschmeckt hat.“

16

„Nun ja." Philipp räusperte sich. „Wenn man sich unterhält, steht man beieinander. Aber das bedeutet nicht, dass ich meine Stiefmutter vergiften wollte. Außerdem sind es ja wohl eher die Stiefmütter, die jemanden vergiften."

Das Brummen des Kommissars klang alles andere als amüsiert. Franka krümmte sich

„Entschuldigung." Wieder räusperte sich Philipp. Er bekam immer einen trockenen Hals, wenn er aufgeregt war. „Wie dem auch sei", fuhr er fort. „Adele nahm mich am Arm, sie wollte mir etwas zeigen, und stieß mit meinem Onkel zusammen. Dann hat sie ihm ihre Champagnertulpe angeboten und wir mussten mit dem Anstoßen warten, bis Franka ihr ein Gingerale geholt hat. Das war's."

Der Kommissar brummte jetzt etwas lauter und Franka verstand einzelne Worte wie „Onkel" und „aufgefallen".

„Er wirkte erhitzt." Philipps Stimme klang zögernd. „Und agitiert, aber ich habe gedacht …" Er stockte.

„Was haben Sie gedacht?" Diesmal klang die Stimme des Kommissars deutlich zu Franka.

„Nichts", erwiderte Philipp.

„Ihr Onkel hatte einen Plan", sagte der Kommissar, „und Sie waren eingeweiht." Franka stellte sich vor, wie er Philipp den ausgestreckten Zeigefinger entgegenstreckte. „Darum ging es in dem Streit. Nicht wahr?"

Ein Luftzug ließ Franka herumfahren. Verstohlene Schritte erklangen. Jemand war auf dem Weg zur Bibliothek. Franka wollte nur noch weg. Sie stieß sich von der Tür ab und trat vor Schreck auf die lose Bodendiele.

16.

Franka nahm allen Mut zusammen und betrat den geheimen Dienstbotenflur. Um nur ja auf keine knarrende Bodendiele zu treten, setzte sie vorsichtig einen Fuß vor den anderen.

Noch immer hing der Duft der Weihnachtshörnchen in den engen Gängen. Franka schluckte. Es war Heiligabend. Im Salon stand der geschmückte Baum, der heute Abend im Glanz seiner Kerzen leuchten sollte. Früher hatte der Graf es sich nicht nehmen lassen, eigenhändig die Kerzen zu entzünden, doch in den letzten Jahren hatte Franka die Aufgabe übernommen. Fast trat sie auf die lose Bodendiele direkt vor der Tür zur Bibliothek.

Die Luft anhaltend, presste sie das Ohr ans Türblatt. Zunächst hörte sie nur das leise Brummen des Kommissars und Philipps hellere Stimme. Sie wollte schon aufgeben, als Philipp lauter sprach.

„Ja, ich habe mit meinem Onkel gestritten", sagte er. „Das kommt in den besten Familien vor."

Das Brummen klang jetzt fragend.

„Das werde ich nicht", fuhr Philipp fort. „Ich kann Ihnen nur versichern, dass ich keinen Grund hatte, meinem Onkel etwas anzutun."

Wieder brummte der Kommissar.

„Und meiner Stiefmutter auch nicht", fuhr Philipp auf.

Das Brummen klang jetzt besänftigend.

„Nun gut", sagte Philipp. „Wenn Sie es hören wollen." Er räusperte sich. „Also, wie Sie bereits wissen, waren wir alle im Salon …"

Erneut unterbrach ihn das Brummen des Kommissars.

„Onkel Carl-Constantin liebte es, Reden zu halten. Wie dem auch sei", fuhr Philipp fort, „es gab Champagner und Pastetchen und ich unterhielt mich mit meiner Stiefmutter."

Fragendes Brummen. Franka schüttelte den Kopf. Das hatte sie dem Kommissar doch bereits alles erzählt?

17

dir nur unnötig Sorgen." Im selben Moment dachte sie: War das wirklich die Wahrheit? Irgendjemand musste es schließlich gewesen sein. Vielleicht hatte Phillip ja doch das Gift ins Glas seiner Schwiegermutter gemischt, und ein kleiner Stoß zur rechten Zeit …
„Christoph?" Nathalies Frage unterbrach Frankas Gedankenstrom.
„Mir erzählt?" Das Mädchen runzelte die Stirn. „Wie kommst du darauf?"
„Nun ja." Franka räusperte sich. „Da ist doch etwas zwischen euch, oder?"
„Verdammt noch mal! Bist du etwa auch gegen uns?" Nathalie stellte den Becher so heftig ab, dass Kakao auf die Tischplatte schwappte. „Wie der Graf?"
„Kind", rief Franka sie zu Ordnung. „Es ist Weihnachten, das Fest der Liebe. Ich meine, auch wenn …" Sie stockte, als sie sich an die grausigen Ereignisse der Nacht erinnerte. „Du solltest nicht fluchen", schloss sie schließlich. „Das schickt sich nicht für eine Graf."
„Wie so vieles nicht." Nathalie nippte wieder am Becher. Als sie ihn absetzte, zierte ein schmaler Kakaobart ihre Oberlippe. Liebevoll streckte Franka die Hand nach ihr aus, doch Nathalie ignorierte sie. „Jeder ist gegen uns. Selbst Adele!"
„Ihr seid wie Bruder und Schwester." Franka zog die Hand zurück. „Ihr seid zusammen aufgewachsen."

17.

Hastig eilte Franka durch die engen Gänge. Erst in der Küche blieb sie stehen. Mit Schwung schlug sie die Dienstbotentür hinter sich zu, dann sah sie, dass sie nicht allein in der Küche war. Nathalie stand vor ihr.

„Hast du gelauscht?", fragte die erregt. Völlig außer Atem brachte Franka nur ein Nicken zustande. „Was will die Polizei von Philipp?" Nathalie war blass wie Käsekuchen. „Ist es wegen dem Streit?" Sie presste die Faust gegen die Zähne, wie sie es schon als Kind getan hatte.

„Beruhig dich erst einmal." Besänftigend tätschelte Franka den Arm des Mädchens.

„Kannst du mir einen Kakao mit Zimt machen? So wie früher?" Nathalies Augen glänzten verdächtig, ihre Stimme zitterte.

„Natürlich." Franka war froh, etwas für das Mädchen tun zu können. Während sie die Milch erhitzte, horchte sie auf Schritte, die sich der Küche näherten. Doch es blieb still. Sie stellte den Becher vor Nathalie ab und setzte sich.

„Was hat Philipp gesagt?", fragte Nathalie. Sie nahm die Tasse in beide Hände und blies sacht über den aufsteigenden Dampf hinweg. „Ich meine, hat er …?"

„Gestanden?", unterbrach Franka das Mädchen. „Nein!", fügte sie lauter hinzu. „Dein Bruder ist doch kein Mörder, Mädchen! Christoph hätte dir nichts von dem Streit erzählen sollen. Du machst

18

haft. „Allerdings halte ich mich nicht mit Verdächtigungen auf." Er musterte Nathalie. „Doch es soll schon vorgekommen sein, dass Menschen sich zu einem Komplott zusammengeschlossen haben. Gerade zu Weihnachten kochen die Emotionen hoch" Er trank noch einmal von der Schokolade, stellte die Tasse dann ab und tupfte sich mit einem karierten Taschentuch die Kakaoreste aus dem Schnäuzer. „Sie wussten also auch von dem Ultimatum?" Sein Blick ruhte weiterhin auf Nathalie. „Darf ich fragen, wer noch?"

„Christoph und Mutter. Aber das hat nichts zu bedeuten." Kämpferisch schob die junge Frau das zitternde Kinn vor.

Franka fragte sich, von was für einem Ultimatum die Rede war. Wäre der Kommissar nur einen Augenblick später in die Küche gekommen, wäre sie jetzt klüger. Aber so musste sie Eins und Eins zusammenzählen. Nathalies folgende Worte bestätigten ihren Verdacht. „Aber das war uns egal. Christoph brauchte Onkel Carl-Constantins Geld nicht. Er ist ein Künstler. Er braucht nichts als sein Notizbuch und mich." Errötend senkte sie den Blick.

„Soso", murmelte der Kommissar. „Ich glaube, es wird Zeit, dass wir uns in den Salon begeben. Nach Ihnen." Mit einer Handbewegung komplimentierte er Franka und Nathalie aus der Küche. Sie waren gerade in der Halle, als die Glocke anschlug.

„Erwarten Sie Besuch?", fragte der Kommissar.

Franka schüttelte den Kopf. Unschlüssig blickte sie zwischen ihm und der Tür hin und her. Wieder schlug der Gong.

„Na, dann öffnen Sie mal. Vielleicht sind es ja diesmal die Heiligen Drei Könige."

Franka eilte zur Tür und riss sie auf. Dann erstarrte sie, als sie die in ein Tuch gehüllte Gestalt sah.

18.

Franka fuhr herum. Die geheime Küchentür öffnete sich wie von Zauberhand und Kommissar Krüger erschien darin. „Eine heiße Schokolade wäre jetzt ausgezeichnet“, rief er heiter, trat aus dem Dienstbotengang und setzte sich ebenfalls an den Tisch. „Erstaunliche Architektur. Sind alle Räume des Hauses über diese Gänge zu erreichen?“

Franka nickte stumm, dann erhob sie sich, wischte die Hände an der Schürze ab und trat an den Herd.

„Gerne auch mit Zimt.“ Der Kommissar saß am Küchentisch, die Hände über dem Bauch gefaltet, und blickte von einer zur anderen. „Schließlich ist ja Weihnachten.“

Keine der Frauen erwiderte seinen Blick.

„Dieses Haus ist das reinste Labyrinth“, fuhr er fort, als Franka ihm die Tasse reichte. Sie hatte extra viel Zimt auf den Kakao gestreut, vielleicht würde das den Kommissar besänftigen. „Vielleicht sollten Sie sich besser in einem Raum versammeln, in dem wir Sie tatsächlich im Auge behalten können.“ Umständlich kramte er sein Handy aus der Hosentasche und bat einen seiner Kollegen, die Herren in den Salon zu bringen und dort mit ihnen zu warten.

„Verdächtigen Sie uns alle?“, fuhr Nathalie ihn an. Eine Ader an ihrer Schläfe pochte. „Das ist absurd. Niemand hier könnte irgendwem schaden.“

„Und doch ist Ihr Onkel tot“, erinnerte der Kommissar sie. „Und Ihre Stiefmutter liegt im Krankenhaus.“

„Ich bin sicher, dafür gibt es eine Erklärung“, fauchte Nathalie.

„Zumindest drängt sich der eine oder andere Rückschluss auf.“ Der Blick des Kommissars streifte Franka. Wieder fiel ihr die bittere Milch ein. Wie war das möglich? Ihr Hirn arbeitete fieber-

19

wenn Sie auf mich gehört und im Krankenhaus geblieben wären, Frau …"

„Ich werde jetzt in mein Zimmer gehen und mich umkleiden. So lange müssen Sie wohl mit Ihren Fragen auf mich warten. Ich habe nicht vor, etwas zu verpassen!" Adele rauschte am Kommissar vorbei zur Freitreppe. Dabei wirkte ihr Gang gar nicht so sicher wie sonst – auf der ersten Stufe strauchelte sie und verlor beinahe das Gleichgewicht. Nathalie eilte zu ihr und stützte ihre Stiefmutter. Ohne sich umzuwenden, wedelte Adele mit der Hand. „Jemand muss das Taxi bezahlen. Na los, los!"

„Verdammt", fluchte der Kommissar leise, als die beiden Frauen verschwunden waren. „Worauf warten Sie? Gehen Sie den beiden nach!", herrschte er den einen Polizisten an. „Ich will nicht, dass sie sich absprechen."

„Aber die gnädige Frau war doch kaum bei Sinnen! Und sie ist beinahe ermordet worden …", stammelte Franka.

„Herrgott!", rief der Kommissar. „Was ist das für ein Durcheinander! Alle in den Salon! Und zwar zügig!"

In diesem Moment ertönte erneut der Türgong. Für einen Augenblick starrten sich alle fassungslos an, dann hörte man in der entstandenen Stille eine leise Stimme: „Bitte, 44 Euro!"

Der Kommissar brüllte:„Verdammt, kann nicht jemand aus diesem Irrenhaus endlich den Taxifahrer bezahlen? Oder muss ich das jetzt etwa machen?"

19.

Die Gestalt nahm ihren Schal ab, und Franka erkannte Adele. Sie sah blasser und kleiner aus als sonst, aber es waren ganz unverkennbar ihre hochmütigen dunklen Augen, die ihr entgegen blitzten.
„Gnädige Frau! Sie … Wie gut, dass Sie wohlauf sind …“, stammelte Franka.
„Ich hätte gedacht, du wärst bereits verhaftet. Du Giftmischerin!“ Adele schob Franka aus dem Weg.
„Willkommen zurück“, sagte Nathalie, die Franka gefolgt war, und fiel ihrer Stiefmutter um den Hals.
„Haben wir nicht ausgemacht, dass Sie im Krankenhaus bleiben?“, herrschte der Kommissar Adele an. „Erstens auf Anraten der Ärzte, zweitens auf meines – zu Ihrer eigenen Sicherheit!“
Adele beachtete den Kommissar nicht. „Wo ist mein Sohn?“ Ihre Stimme hallte schrill durch die Halle.
„Wissen die Ärzte, dass Sie hier sind?“ Der Kommissar starrte Adele an, als sei sie ein Gespenst.
„Was meinen Sie, wer mir das Taxi bestellt hat?“, entgegnete sie. „Übrigens muss jemand den Fahrer bezahlen. Und wo ist jetzt bitte mein Sohn?“
„Im Salon“, beantwortete Nathalie die Frage ihrer Stiefmutter. „Wir sind gerade auf dem Weg dorthin.“
„Warum?“, fragte Adele scharf.
„Um ein paar Fragen zu beantworten.“ Der Kommissar hatte seine Fassung wiedergefunden. „Es wäre mir wirklich lieb gewesen,

20

„Nicht“, zischte seine Mutter ihn an. „Bestimmt ist das Essen vergiftet, mein Junge! Denk daran, dass sie mich beinahe umgebracht hätte, so, wie sie es mit deinem lieben Onkel getan hat!“ Der Blick, der Franka traf, war kalt und voller Ablehnung. „Warum haben Sie diese Person nicht verhaftet?“, fuhr sie den Kommissar an, der zu ihnen getreten war.

„Das lassen Sie mal meine Sorge sein.“ Er schenkte sich Tee ein und nahm sich ein Sandwich.

„Ich werde auf jeden Fall nichts zu mir nehmen, was von dieser Person zubereitet wurde!“

„Dann lassen Sie es eben!“, flüsterte Franka, aber so leise, dass niemand sie hörte.

„Du bist dramatisch.“ Philipp schenkte sich ebenfalls Tee ein und nahm sich ein Sandwich. „Danke Franka“, sagte er mit vollem Mund und setzte sich neben seine Schwester.

„Hol mir die Aprikosen, mein Junge“, befahl Adele ihrem Sohn. „Die werden ja wohl nicht vergiftet sein.“ Sie reckte das Kinn.

„Ja, Mutter.“ Christoph erhob sich hastig und das Notizbuch fiel zu Boden, doch das bemerkte er nicht. Der Polizist begleitete Christoph aus dem Raum. Er hielt den Kopf gesenkt und wirkte, als würde er abgeführt. Frankas Herz zog sich vor Mitleid zusammen. Die Gefühlsregung überraschte sie. Sie mochte Christoph nicht, hatte ihn nie gemocht. Andererseits: Dass er für seine Liebe auf alles verzichtet hätte, rührte sie. Das war so romantisch. Verstohlen wischte sie sich eine Träne von der Wange, doch dann siegte ihre Skepsis. Hätte er das wirklich? Immerhin war der Graf gestorben, bevor er das Ultimatum stellen konnte.

20.

Franka bereitete auf die Schnelle Sandwiches und Tee vor. Der Polizist, der mit ihr in der Küche war, schnitt das Brot und verteilte mit dem Messer Mayonnaise auf den Weißbrotscheiben. Für einen Mann stellte er sich sehr geschickt an, doch Franka wurde das Gefühl nicht los, dass er ihr nur half, damit sie kein Messer in die Hand bekam. Was dachte er? Dass sie auf ihn losgehen und ihn mit dem Brotmesser niedermetzeln würde? Zumindest ließ er sie nicht aus den Augen, als sie mit der Kräuterschere Kresse abschnitt und auf die Sandwiches streute. Dann belegte sie die Brotscheiben mit Braten vom Vortag. Als der Tee exakt fünf Minuten gezogen hatte, stellte sie alles auf einen Servierwagen und schob den in den Salon. Die Familie hatte sich im Raum verteilt. Der Kommissar lehnte am erloschenen Kamin und telefonierte.

Philipp stand am Weihnachtsbaum. Er hantierte an den Kerzen herum, aber Franka war sich sicher, dass er versuchte, das Telefonat zu belauschen. Doch es schien ein sehr einseitiges Gespräch zu sein, der Kommissar brummte oder nickte nur hin und wieder. Nathalie saß in einem der im Raum verteilten Sessel, ein Bein lässig über die Lehne gelegt. Auf den ersten Blick schien es fast, als ginge sie das alles nichts an, doch ihr Blick hing sehnsüchtig an Christoph, der neben seiner Mutter saß und in sein Notizbuch kritzelte. War es möglich, dass das Mädchen tatsächlich in diesen charakterlosen Spinner verliebt war? Franka unterdrückte ein Kopfschütteln und schob den Servierwagen zunächst zu Mutter und Sohn.

Christoph blickte auf, seine Augen glänzten, als habe er Fieber. „Oh. Danke." Umständlich schraubte er seinen Montblanc-Füller zu und griff mit tintenfleckigen Fingern nach einem Sandwich.

21

wie die eines Pfarrers, „um nicht nur einen, sondern gleich zwei Morde oder versuchte Morde“, mit dem angebissenen Sandwich wies der Kommissar in Adeles Richtung, „aufzuklären. Was wissen wir? Erstens: Carl-Constantin Graf trank aus dem Glas seiner Schwägerin und brach danach tot zusammen. Zweitens: Dieselbe Schwägerin …“, sein Zeigefinger schoss hervor und zeigte auf Adele, die mit durchgedrücktem Rücken auf ihrem Sessel saß und ihn aufmerksam beobachtete, „… wird in der darauffolgenden Nacht vergiftet, indem ihr mit Schlafmittel versetzte Milch serviert wird.“
„Ich habe nie …“, stieß Franka hervor.
Adele kreischte: „Na, und ob!“
Nathalie jammerte: „Aber warum?“
Der Kommissar donnerte: „Ruhe! Ich möchte“, fuhr er ruhiger fort, einen Klecks Mayonnaise im Mundwinkel, „Ihnen nun erstens das Ergebnis der toxikologischen Untersuchung mitteilen.“
„Ich wusste, dass er vergiftet wurde!“ Adele klatschte in die Hände, ihr Blick traf Franka. „Nach all den Jahren! Wie konnten Sie nur? Die Familie war immer gut zu Ihnen. Sie …“
„Lass Franka in Ruhe“, unterbrach Philipp seine Stiefmutter. „Toxikologische Ergebnisse können auch negativ sein.“
„Das stimmt natürlich, Herr Doktor“, pflichtete der Kommissar ihm bei, doch sein Ton verriet, dass es diesmal nicht der Fall war.
„Und zweitens?“, fragte Nathalie.
Für einen Moment schien der Kommissar aus dem Konzept gebracht. „Zweitens …“, murmelte er.

21.

Mit einer Schnelligkeit, die Franka dem eher behäbig wirkenden Kommissar nicht zugetraut hätte, bückte dieser sich nach dem Notizbuch. Dann flippte er mit dem Daumen durch die Seiten. Seine Augenbrauen wanderten in die Höhe. „Interessant", murmelte er und ließ das Notizbuch unter seiner Jacke verschwinden. Franka blickte sich um. Niemand außer ihr schien dieses Intermezzo bemerkt zu haben.

Was hatte er um Himmel Willen damit vor? Und was würde Christoph tun, wenn er das Fehlen seines heiligen Notizbuchs bemerkte? Franka gingen Nathalies Worte durch den Kopf: „Er braucht nur mich und sein Notizbuch …"

Die Tür wurde aufgestoßen und Christoph kehrte mit der Obstschale zurück, die Franka vor nur zwei Tagen für die Gnädige vorbereitet hatte. Noch immer hielt er den Blick gesenkt. Nathalie setzte sich aufrecht hin. Für einen Moment sah es so aus, als wollte sie ihm entgegeneilen, doch Philipp legte ihr die Hand auf den Arm. Er flüsterte ihr etwas zu, das Franka nicht verstand, und Nathalie sackte in sich zusammen.

„Stell sie hier hin." Adele zeigte auf den Sofatisch an ihrer Seite. Christoph tat, wie ihm geheißen, und setzte sich dann wieder neben seine Mutter, die sich eine Aprikose aus der Schale nahm und daran knabberte. Suchend blickte er sich um. „Wo …", stammelte er. Doch in genau diesem Moment räusperte sich der Kommissar und zog alle Aufmerksamkeit auf sich.

„Wir …" Der Kommissar hob die Stimme. „… sind hier zusammengekommen", seine Stimme dröhnte jetzt durch den Raum

22

„Und dafür haben Sie den Weg durch die Dienstbotengänge gewählt?" Die Stimme des Kommissars klang ungläubig.

„Es ist der kürzeste Weg." Nathalie reckte das Kinn.

„Wer von Ihnen kennt noch diese Gänge? Selbst ich als Hauptkommissar habe eine Weile gebraucht, um zu begreifen, dass sich hinter den Gemälden Türen verbergen."

Gute Güte, war der stolz! Wäre das Thema nicht so ernst, Franka hätte schmunzeln müssen.

„Wir sind hier quasi aufgewachsen", mischte sich Philipp ein. „Jeder kennt die Dienstbotentreppen."

„Ich verstehe." Der Kommissar nickte. „Was wollten Sie eigentlich bei Ihrem Onkel?", wandte er sich an Nathalie.

„Was schon", schnaubte die. „Ich wollte ihm sagen, dass seine Drohung unsere Liebe nicht verhindert." Sie blickte zu Christoph hinüber, der sie mit Tränen in den Augen anstarrte. „Was ist schon Geld", fügte sie traurig hinzu. „Doch nur eine Fessel, die uns an Nichtigkeiten bindet. Die wirklich wichtigen Dinge im Leben kann man nicht kaufen!"

„Sprach die verwöhnte Göre, der mein Schwager ein Studium in Oxford ermöglicht", warf Adele ein.

„In Bildung ist Onkel Carl-Constantins Geld auf jeden Fall besser angelegt als in den Schmuck, den du dir um den Hals hängst", schnappte Nathalie. „Außerdem galt der Anschlag dir und nicht Onkel Carl-Constantin."

„Ich stimme Ihnen zu." Der Kommissar nickte. Sein Blick wanderte zu Christoph. „Das bringt uns zu Ihnen", sagte er, und auf einmal hielt er das Notizbuch wieder in den Händen. „Und zu diesem interessanten Beweisstück hier!"

Christoph stieß einen Schrei aus und stürzte sich auf ihn.

22.

Der Kommissar musterte die Anwesenden. Franka spürte, dass sie sich unter seinem Blick duckte. Philipp war ganz Aufmerksamkeit und auch Nathalie saß nun aufrecht, mit den Handflächen auf den Knien. Christoph schluckte sichtbar, als ihn der Blick des Kommissars streifte, während Adele ihm standhielt.

„Ihr Onkel wurde mit Blausäure vergiftet." Der Kommissar nahm sich eine Aprikose aus der Obstschale und schlug die Zähne in die samtig schimmernde Haut. Kauend fuhr er fort. „Wir hatten schon ziemlich früh den Verdacht. Nicht zuletzt dank Ihrer Beobachtungen." Er nickte Philipp zu. „Als Arzt kennen Sie sich mit Vergiftungen aus, nicht wahr?"

„Nur theoretisch", erwiderte Philipp. „Aber natürlich habe ich diesen eigentümlichen Bittermandelgeruch wahrgenommen."

„Ich habe nichts gerochen", meldete sich Christoph zu Wort.

„Nicht jeder kann diesen Geruch wahrnehmen", dozierte der Kommissar und reckte den Aprikosenkern empor. „Doch jeder kann Blausäure gewinnen." Sein Blick wanderte von einem zum anderen. „Aber wer war es? Die Haushälterin, die sich an ihrem Dienstherrn rächen wollte?"

Verzweifelt schüttelte Franka den Kopf. „Ich wollte doch nur, dass er mich braucht! Es waren Erdnüsse, nicht Bittermandeln. Seit vierzig Jahren achte ich darauf, dass er keine Erdnüsse …" Tränen schossen ihr in die Augen. Seit vierzig Jahren träumte sie davon, ihm mit ihrem beherzten Eingreifen das Leben zu retten. Und nun war er tot und sie hatte keine Möglichkeit mehr, ihm zu beweisen, wie sehr sie …

„Manchmal geht die Liebe seltsame Wege." Der Kommissar musterte erst Franka, dann wanderte sein Blick zu Nathalie. „Sie waren es, die den Streit zwischen Ihrem Onkel und Ihrem Bruder belauscht hat."

„Nicht absichtlich", verteidigte sich Nathalie. „Ich wollte nur mit Onkel Carl-Constantin sprechen. Über mein Studium."

23

„Doch statt Ihrer Mutter haben Sie Ihren Onkel vergiftet, und als das schiefging, haben Sie die Milch Ihrer Mutter mit Schlafmitteln versetzt."
„Christoph?", stöhnte Nathalie auf und brach in Tränen aus.
„Das ist nicht wahr!" Christoph streckte ihr seine gefesselten Hände entgegen.
Adele sah fassungslos von einem zum anderen. „Aber Sie können doch nicht einfach so meinen Sohn verhaften?" Ihre Schultern sackten nach vorn, sie barg das Gesicht in den Händen. „Ich war es doch", flüsterte sie. „Ich selbst habe Gift in mein Glas geschüttet." Sie hob den Blick, ihre Stimme gewann an Stärke. „Um dann meinen Schwager anzurempeln und ihm mein Glas zu reichen. Ich dachte, so gerate ich nicht in Verdacht."
Christoph heulte auf. „Warum, Mutter?"
„Genau", echote der Kommissar. „Warum?"
„Er wollte das Glück meines Sohnes zerstören", fauchte Adele. „Er wollte ihn enterben, er hat ihn unter Druck gesetzt ... Mein Sohn ist sensibel, ein Dichter! Er braucht seine Freiheit, auch finanziell."
„Aber ich hätte doch ...", stammelte Nathalie, doch der Kommissar unterbrach sie.
„Ich glaube", sagte er, „Ihrer Stiefmutter ging es eher um das Erbe als um das Glück Ihres Sohnes. Wenn der Graf ihn aus dem Testament gestrichen hätte, hätten Sie alles verloren. Frau Graf, Sie sind verhaftet."
„Aber er hat es verdient! Nie waren wir ihm gut genug. Immer hat er mich spüren lassen, dass ich nur zweite Wahl war. Wir sind besser dran ohne ihn! Ich bereue nichts!" Adele reckte den Polizisten die Hände entgegen. Sie schien beinahe zufrieden, als sich darum ebenfalls Handschellen schlossen. „Nun können Sie meinen Sohn wieder freilassen!"
„Ist das so?", entgegnete der Kommissar.

23.

Sofort waren die beiden Polizisten über ihm, ein Gerangel entstand. Nathalie quiekte und wollte ihm zur Hilfe eilen, doch Philipp hielt sie zurück.
„Mein Notizbuch!“, brüllte Christoph und versuchte, auf den Kommissar einzuschlagen, der das Notizbuch hinter seinem Rücken hielt.
„Lassen Sie meinen Jungen in Ruhe!“ Adele stürzte sich auf die Beamten, da klickten auch schon die Handschellen um die schmalen Handgelenke des jungen Dichters.
Nathalie schluchzte leise auf. „Geben Sie ihm das Notizbuch wieder! Das ist privat! Seine Gedichte …“
Wieder hob der Kommissar die Stimme. „Ganz genau, die Gedichte! Lassen Sie mich eines vortragen.“
„Nein!“, schrie Christoph. Aber niemand beachtete ihn.
Der Kommissar schlug das Notizbuch auf. „Unter der Überschrift: Muttertag“, er räusperte sich, „steht …“
„Bitte“, kreischte Christoph. „Das dürfen Sie nicht!“
„Sie sind jetzt ganz still“, donnerte der Kommissar, dann räusperte er sich erneut und deklamierte:
„Nicht auserkoren, das Leben nichtig.
Ein Anhängsel nur, nicht geliebt und nicht wichtig.
Du nimmst dir das Recht, über unsere Liebe zu richten.
So nehme ich mir das Recht, dich zu richten.
Und einen Weg zu finden,
mein Herz von der Last deiner Existenz zu entbinden.“
„Mein Junge!“ Adeles Hand flog zu ihrer Kehle. „Wie konntest du so etwas schreiben?“
„Es tut mir leid“, verteidigte sich Christoph. „Du warst auch gegen uns, und da habe ich meine dunklen Gedanken in dieses Gedicht gegossen!“

GESUCHT!
180
170
160
150
Nordpolizei
2412
W. Engel
Nordpolizei

24

„Also, ich hätte noch Zeit!“ Adele zuckte die Achseln, was wegen der gefesselten Hände komisch aussah.

Der Kommissar nickte. „Auf ein Stündchen kommt es jetzt tatsächlich nicht mehr an“, räumte er ein. „Zumal der Fall geklärt ist und es für lange Zeit das letzte gemeinsame Weihnachtsfest für die Familie sein wird.“

Bei diesen Worten musste Franka ein Schluchzen unterdrücken.

Und so stieg Philipp auf die Leiter, die Franka bereits hinter dem Baum an die Wand gelehnt hatte. Er streckte die Hand mit dem Feuerzeug nach der ersten Kerze aus, eine Flamme leuchtete auf – und erlosch wieder. Alle sahen Philipp an. Zögernd wandte er sich an Franka.

„Eigentlich, liebe Franka, müsstest du das machen. Würdest du uns die Ehre erweisen und die Weihnachtskerzen entzünden? Ich wette, mein Onkel hätte es so gewollt.“

Franka stiegen die Tränen in die Augen. „Ja, selbstverständlich.“ Sie trat auf die Leiter zu, und als alle hundert Kerzen, die sie schon vor Tagen in den kleinen Leuchtern befestigt hatte, leuchteten, füllten sie den Salon mit ihrem Duft.

„Schön“, hauchte Nathalie ergriffen, während der Kommissar sich noch ein Sandwich nahm und hineinbiss. Für einige Augenblicke betrachteten alle den funkelnden Baum, dessen Lichter sich in den roten und goldenen Kugeln brachen. Dann ergriff Christoph das Wort. „Ich könnte jetzt noch ein Gedicht vortragen“, schlug Christopher vor.

„Nein!“, rief Adele schrill. „Dann lieber doch Untersuchungshaft! Führen Sie mich ab, ich flehe Sie an!“

24.

Wirren Blicks starrte Christoph von seiner Mutter zu Nathalie und wieder zurück.
„Oder“, fragte der Kommissar weiter, „war es nicht so, dass Sie wussten, dass die Haushälterin den Grafen vergiften wollte, weil Sie sie beobachtet haben …“
„Aber“, stammelte Christoph.
Gnadenlos fuhr der Kommissar fort: „… und die Geschichte mit den vertauschten Gläsern brachte Sie auf eine Idee: Wenn Sie jetzt Ihre Mutter vergiften würden, dann fiele der Verdacht keinesfalls auf Sie, da Sie ja Franka sowohl belasten als auch zu einer Aussage gegen Ihren Vetter bewegen würden. Und …“
Franka runzelte die Stirn. Herrje, was für ein Durcheinander!
„Ich würde Ihnen zu gerne zustimmen!“, unterbrach Adele den Kommissar hastig. „Vor allem nach diesem Gedicht. Doch so war es nicht. Ich … Ich habe die Gläser vertauscht. Und ich habe dann meine eigene Milch mit Schlafmittel versetzt, damit mir niemand auf die Schliche kommt. Mein Sohn hat nichts damit zu tun. Mehr als schlechte Gedichte bringt er ohnehin nicht fertig. Da ist er ganz wie sein Vater.“ In ihren Augen schimmerten Tränen.
„Na dann!“ Auf ein Handzeichen des Kommissars löste der Polizist Christophs Handschellen. Dann nickte er in Adeles Richtung. „Abführen.“
„Warten Sie.“ Phillip hob bittend die Hände. „Es ist Weihnachten. Geben Sie ihr noch eine halbe Stunde. Bitte.“ Er blickte sich um.
„Sie hat Onkel Carl-Constantin ermordet“, stammelte Nathalie.
„Weihnachten ist das Fest der Liebe. Bitte“, Phillip wandte sich wieder an den Kommissar. „Darf ich trotz allem die Kerzen am Baum entzünden? Es ist Heiligabend.“

REZEPTE

Zubereitung:

Den Backofen auf 175° Umluft vorheizen. Den aufgetauten Spinat mit Fetakäse, Lachs, Knoblauch, einem Ei und den Gewürzen und in einer Schüssel vermengen.
Das andere Ei aufschlagen.
Die erste Platte Blätterteig ausrollen, mit Sambal Oelek und einem Teil des geschlagenen Eis bestreichen.

Anschließend die Masse in Häufchen darauf verteilen.
Die zweite Platte etwas dehnen und vorsichtig auflegen.
Um die Füllung herum andrücken. Zum Schluss die Pastetchen ausrädeln und die Ränder mit einer Gabel verschließen.
Backen, bis sie goldbraun sind. (ca. 20 Minuten)

Weihnachts-Hörnchen

Sie benötigen:

125 g Butter · 150 g Honig · 1 Eigelb
geriebene Schale einer Zitrone · 300 g Vollkorn-Weizenmehl
100 g gemahlene Mandeln · 1 Prise Zimt
nach Geschmack Vanillezucker · 1 Eiweiß

Zubereitung:

Alle Zutaten in einer Schüssel verkneten.
Anschließend den Teig 1 Stunde im Kühlschrank ruhen lassen. Aus dem Teig walnussgroße Kugeln formen, diese zu Hörnchen rollen.

Zum Schluss noch mit Eiweiß bepinseln und bei 175° Umluft für etwa 15 Minuten backen.

Charlotte Russe

Sie benötigen:

60 Löffelbiskuits · 750 ml Milch
1 Pck Puddingpulver (Schokolade) · 2 Eier · 125 g Zucker
1 Päckchen Vanillezucker · 75 g bittere Schokolade
75 g gehackte Mandeln · 2 TL Kaffeepulver · 7 Blätter weiße
Gelatine · 250 ml Sahne · 1 Pck Schokodekor
optional: 1 TL Rum

Zubereitung:

Den Rand einer Springform (22–24 cm Durchmesser) auf eine Tortenplatte stellen, ringsum passend geschnittene (so, dass sie unten eine gerade Standfläche haben) Löffelbiskuits senkrecht aufstellen. Puddingpulver und Eigelb mit etwas kalter Milch verrühren.
Die übrige Milch mit Zucker und Vanillezucker aufkochen, die Schokolade darin lösen, den angerührten Pudding hineingeben und kurz aufkochen. Mandeln, Pulverkaffee und Rum hinzufügen und die 10 Minuten in kaltem Wasser gequollene, gut ausgedrückte Gelatine in der Masse lösen. Eiweiß zu steifem Schnee schlagen und mit der Schokoladenspeise verrühren, die Creme abkühlen lassen. Kurz vor dem Gelieren steif geschlagene Sahne (etwas von der flüssigen Sahne für später zurückbehalten) unterheben, die Form schichtweise mit Creme und Biskuits füllen, dabei auch die abgeschnittenen Enden verwenden. Die Creme erstarren lassen, den Tortenrand abnehmen. Die Charlotte mit Biskuit, etwas zurückbehaltener Schlagsahne und Schokodekor verzieren.